APERÇU

SUR LA

TRANSPORTATION DES RÉCIDIVISTES

ET LE

PATRONAGE DES LIBÉRÉS

Lecture faite à la Conférence des Avocats stagiaires
le 15 décembre 1882

PAR

VICTOR BERTRAND

AVOCAT PRÈS LA COUR D'APPEL DE GRENOBLE

VOIRON
IMPRIMERIE BARATIER & MOLLARET
1883

APERÇU

SUR

LA TRANSPORTATION DES RÉCIDIVISTES

ET

LE PATRONAGE DES LIBÉRÉS

APERÇU

SUR LA

TRANSPORTATION DES RÉCIDIVISTES

ET LE

PATRONAGE DES LIBÉRÉS

Lecture faite à la Conférence des Avocats stagiaires
le 15 décembre 1882

PAR

Victor BERTRAND

AVOCAT PRÈS LA COUR D'APPEL DE GRENOBLE

VOIRON

IMPRIMERIE BARATIER & MOLLARET

1883

APERÇU

SUR LA

TRANSPORTATION DES RÉCIDIVISTES

ET LE

PATRONAGE DES LIBÉRÉS

> Il vaut mieux prévenir les crimes
> que de les punir.   BECCARIA

BIBLIOGRAPHIE. — Joseph Reinach, les Récidivistes *(Revue politique et littéraire*, tome XXVIII). — Ferdinand Jacques, Etude sur le Droit pénal, l'Echelle des Peines et les Réformes à y introduire *(Revue pratique du Droit français*, tome VI, année 1858). — Louis Sevin Desplaces, Récidivistes et Patronage des Libérés (1882). — Charles Bertheau, de la Transportation des Récidivistes incorrigibles (1882). — Isambert, Collection des anciennes Lois françoises. — Fréd. Thomas, la Ligue du Mal public *(Revue politique et littéraire*, 3ᵉ série, 2ᵉ année, tome XXX). — Michaux, Etude sur la Question des Peines.

MONSIEUR LE BATONNIER,

MESSIEURS ET CHERS CONFRÈRES,

Arrêter la progression incessante de la criminalité, garantir les intérêts privés et la sécurité publique contre les entreprises des malfaiteurs, telle est la nécessité constatée depuis bien longtemps par les divers gouvernements qui se sont succédé en France; tel a été l'objet des études des jurisconsultes et des hommes d'Etat les plus éminents; telle semble être actuellement une des plus réelles préoccupations du public. Dès 1840, M. de Tocqueville signalait le danger à la Chambre des députés dans un rapport demeuré célèbre, où nous lisons ces mots : « Il faut bien recon- « naître qu'il existe en ce moment parmi nous une « société organisée de criminels. Tous les membres « de cette société s'entendent entre eux; ils s'ap- « puient les uns sur les autres; ils s'associent « chaque jour pour troubler la paix publique. « Presque tous ces hommes se sont connus dans « les prisons et s'y retrouvent; ils forment une « petite nation au milieu de la grande. » Depuis quarante-deux ans, cette petite nation s'est accrue dans des proportions vraiment effrayantes, et aujourd'hui il est grand temps d'y porter remède.

CHAPITRE Ier.

L'ancien Droit et le Code pénal de 1791.

De tout temps, la récidive a attiré l'attention des hommes qui dirigeaient les destinées de la France ; on comprit de bonne heure qu'il était indispensable de sévir contre les mendiants et les vagabonds, les gens oisifs et sans aveu et les repris de justice. Les recueils législatifs de l'ancienne monarchie renferment de nombreux textes sur cette matière ; sans viser directement ce que nous appelons aujourd'hui les récidivistes, les anciens édits s'occupent des mendiants et vagabonds.

Les établissements de Saint-Louis (chap. 34) contiennent sur ce point une disposition qui n'est à vrai dire qu'une mesure de police, et qui est néanmoins intéressante au point de vue historique. Tout individu qui fréquente les tavernes peut être requis de faire connaître ses moyens d'existence ; si l'on voit que ses déclarations sont fausses, il est considéré comme suspect et chassé de la ville. Un châtiment plus rigoureux ne tarde pas à être édicté « contre les mendiants, « joueurs de dés et truands demeurant oisifs en ta- « vernes et autres parts. » On leur enjoint de quitter la ville dans les trois jours ; si, après ce délai, ils sont trouvés oiseux et mendiants, ils sont mis en prison et tenus au pain et à l'eau pendant trois jours ; s'ils sont repris en récidive, on les met au pilori ; *à tierce fois ils seront signés au front d'un fer chaud et bannis desdits lieux* (1).

Plusieurs ordonnances de François Ier renfermaient des dispositions analogues ; l'une d'elles, à la date du 3 mai 1526, constate que : « Dans la ville, cité, fau- « bourgs et banlieue de Paris, se retirent grand « nombre d'adventuriers et vagabonds, oisifs et mal « vivans, en sorte que plusieurs larcins et pilleries y « se commettent, forcement de filles et autres grandes « insolences en procédant. » Pour mettre un terme à ces désordres et protéger efficacement la bonne ville de Paris, il est enjoint au prévôt de Paris, accompagné d'un nombre suffisant d'archers, de visiter « chaque jour les lieux, places et rues de ladite « ville, carrefours, cabarets et autres endroits dis- « solus, où ont coutume de se retirer iceux vagabonds

---

(1) Voir les ordonnances de janvier 1350 et novembre 1354. — (Isambert, *Collection des anciennes lois françaises.*)

« oisifs, mal vivans, gens sans aveu, joueurs de
« cartes et de dés, quels et autres jeux prohibés et
« défendus, blasphémateurs du nom de Dieu, ruf-
« fians, mendiants, sains de leur corps, pouvant
« autrement gagner leur vie, et gens qui seront
« trouvés en présents méfaits. Pour les susdits être
« pris au corps et conduits ez-prisons du Châtelet de
« Paris, pour en être faites la justice et pugnition
« par ledit prévôt ou son lieutenant criminel, telles
« que de raison. » — Cette ordonnance est suivie de
deux autres émanées du même prince ; l'une du 30
août 1536, l'autre du 16 janvier 1545 ; la première
enjoint aux mendiants valides de besogner et labourer
pour gagner leur vie ; la seconde ordonne qu'on les
emploie de préférence aux travaux publics ; mais les-
dits travaux commencés, s'ils sont trouvés mendiants,
on les conduit devant la plus prochaine justice pour
les punir et corriger publiquement de verges et fouets.
D'après l'ordonnance de 1536, toute personne avait
le droit de saisir les gens de cette espèce pour les
conduire devant les magistrats et pour faire appliquer
la peine édictée par la loi ; s'il y avait récidive, on
les condamnait au bannissement qui pouvait être
perpétuel.

Un peu plus tard, les mendiants et les vagabonds
furent complètement mis hors du droit commun. Ils
étaient jugés en dernier ressort et sans appel par le
Châtelet (Déclaration du 24 mai 1639) ; les prévôts
des maréchaux, les lieutenants-criminels de robe

courte, les vice-baillis, vice-sénéchaux, enfin par le lieutenant-général de police (Ordonnance de 1670).

Ces peines cependant étaient insuffisantes pour arrêter le mal toujours croissant. La déclaration de 1558 fait exprès commandement « à tous vagabonds, gens « oisifs vuider la ville de Paris et ses faubourgs dans « les vingt-quatre heures après la publication d'icelle « à peine de la hart. »

Cette rigueur qui, il faut le reconnaître était un moyen radical pour prévenir la récidive, n'avait pas de raison d'être et ne put subsister ; on en revint aux anciennes peines, le fouet, les verges, la prison, le bannissement, et enfin les galères qui furent plus fréquemment appliquées.

Mais la déclaration du 8 janvier 1719 inaugura un nouveau système de répression ; son efficacité eût été certaine si on avait pu s'y tenir et l'exécuter rigoureusement ; les vagabonds et gens sans aveu devaient être transportés aux colonies ; mais la déclaration de 1719 ne fut pas sérieusement appliquée. En revenant à l'ancien régime, la déclaration du 18 juillet 1724 essaya d'introduire dans la loi plus d'ensemble et d'harmonie ; elle crut en augmentant sa sévérité la rendre plus efficace : ce fut son erreur.

On voit donc que la transportation des récidivistes n'est pas une idée nouvelle ; mais c'est au Code Pénal de 1791 que revient l'honneur d'avoir fait entrer cette idée du domaine de la théorie dans celui de la pratique. L'art. 1, du titre 1er, du Code Pénal de 1791 était ainsi conçu :

« Quiconque ayant été repris de justice pour crime,
« viendra à être convaincu d'un nouvel attentat, sera
« après avoir subi sa peine, transféré pour le reste de
« sa vie dans le lieu de transportation des malfaiteurs. »
Par la loi du 24 vendémiaire an II, qui avait pour but l'extinction de la mendicité, l'Assemblée Nationale avait de plus établi la transportation contre les mendiants récidivistes, et la loi du 11 brumaire de la même année avait désigné l'île de Madagascar comme lieu de transportation.

Sagement conçue et vigoureusement exécutée cette mesure promettait les meilleurs résultats ; elle raffermissait le présent, garantissait l'avenir et laissait entrevoir le moment où le sol français pourrait être purgé de ces êtres essentiellement dangereux dont l'existence seule met la société en péril ; par malheur la transportation ne fut organisée qu'imparfaitement, et la loi du 23 floréal an X la remplaça par la marque ou flétrissure qui jetait de plus en plus le condamné dans la voie du mal ; enfin le Code Pénal de 1810 adopta un ensemble de peines toutes différentes dans les articles 56, 57 et 58.

Les deux derniers ont été modifiés par la loi du 13 mai 1863, mais l'esprit en est resté le même. Ce ne fut qu'en 1851 qu'un décret-loi revint à l'idée de la transportation : ce décret dont la légalité a été contestée, donnait à l'administration le droit de trans-

porter à Cayenne ou en Algérie les individus con-
vaincus d'avoir rompu leurs bans ou d'avoir fait
partie d'une société secrète ; ce décret avait donc en
même temps un caractère politique que nous n'avons
pas à apprécier ; il a du reste été rapporté par un
décret du 24 octobre 1870.

Le premier pas sérieux dans l'idée de la transportation a été fait par la loi du 30 mai 1854.

Tout individu condamné à plus de huit années de
travaux forcés est tenu, à l'expiration de sa peine, de
résider pendant toute sa vie à Cayenne ou à la Nouvelle-Calédonie ; tout individu condamné à moins de
huit ans, pendant un temps égal à la durée de sa
peine ; mais cette loi ne concerne pas les récidivistes.

En résumé, à l'heure actuelle, tous les récidivistes
surveillés ou non, quelque brillants états de service
qu'atteste leur casier judiciaire reçoivent l'hospitalité
sur le sol de la métropole.

CHAPITRE II.

Les malfaiteurs de profession.

Mais si comme nous le demandons, l'on doit transporter dans une de nos colonies françaises d'outre-
mer, les plus criminels et les plus pervertis des malfaiteurs, et maintenir au contraire sur le continent ceux
qui sont encore susceptibles d'amendement, comment
pourra-t-on distinguer les uns des autres ? En thèse
générale, le critérium sera facile à trouver ; les différents auteurs qui ont traité de la question sont ici
tous d'accord : il faut transporter, dit M. Reinach (1),
les malfaiteurs de profession ; il faut transporter dit
M. Charles Bertheau (2), les incorrigibles, les délin-

____

(1) Joseph Reinach. — Les Récidivistes *(Revue politique et littéraire* 3ᵉ série, tome 28, année 1881.

(2) Charles Bertheau. — *De la transportation des Récidivistes
incorrigibles* (1882, Marescq aîné).

quants d'habitude, il faut être indulgent pour ce que
M. Michaux dans sa belle *Etude sur la Question des
Peines*, appelle *le crime-accident;* il faut être sans
pitié pour le *crime-profession.*

En effet ce qui constitue un péril pour la société, ce
sont ces individus vrais piliers de prison, mendiants
valides et vagabonds, voleurs invétérés ; ils ont déjà
comparu dix, vingt fois sur les bancs de la police
correctionnelle ou de la Cour d'Assises ; fiers de leurs
fautes, ils portent la tête haute et s'habituent à consi-
dérer les honnêtes gens comme leurs pires enne-
mis.

Dès qu'ils sont sortis de prison, ils reprennent leur
ancienne existence ; il est à peine besoin de dire qu'au-
cun d'eux ne se livre à un travail régulier ; ils ont juré
de ne jamais lui demander les moyens de pourvoir à
leurs besoins ; que vont-ils devenir, dénués de toute
ressource, sans pain, sans domicile, à peine vêtus de
quelques haillons ?

Les uns vont se cacher dans les quartiers excentri-
ques des grandes villes et l'on sait comment ils y
vivent : le jour, ils mendient, fréquentent les tripots,
dorment sur les bancs des jardins publics, ou se livrent
à mille petites industries inavouables ; le soir venu,
ils se font souteneurs de filles, voleurs, assassins au
besoin ; réunis en bandes, ils attendent dans les endroits déserts les bourgeois attardés, les terrassent,
les dévalisent et les égorgent s'ils résistent.

Les autres, entraînés par leur humeur voyageuse,

parcourent les campagnes, fuyant les chemins fréquentés et le tricorne des gendarmes ; ils gagnent de préférence les hameaux, les habitations isolées, mendiant d'une main, volant de l'autre ; trouvent-ils une maison abandonnée un instant, ils en forcent la porte et font main-basse sur tout ce qu'ils rencontrent ; ils sont humbles devant la force, mais ils deviennent arrogants envers les plus faibles. On constate tous les jours que la moitié des incendies et des attentats à la pudeur commis dans les campagnes sont l'œuvre de ces repris de justice en état de vagabondage.

Ce sont parmi les récidivistes surtout que se forment ces associations redoutables de malfaiteurs qui opèrent dans les grandes villes ; ils occupent leurs loisirs dans les prisons et les maisons centrales, à s'organiser ; ils élisent des chefs qu'ils désignent sous des noms pittoresques ; ils ont même quelquefois des règlements écrits qui sont observés avec la plus grande rigueur ; personne n'a oublié la fameuse bande des *Cravates vertes* arrêtée récemment ; on trouva sur l'un des malfaiteurs une liste admirablement rédigée des coups à faire et des maisons à dévaliser.

En un mot les récidivistes ont organisé le crime ; ils sont en lutte contre la société ; et c'est pour cela qu'il faut sévir contre eux.

Ils sont dangereux parce que leurs antécédents les poussent irrésistiblement à de nouveaux attentats et parce que la moitié des crimes ou des délits qui sont commis annuellement sont leur fait. Chaque année le ministre de la justice et celui de l'intérieur publient l'un le *Compte-rendu général de l'administration de la justice criminelle*, et l'autre, le *Compte-rendu de l'exécution des peines autres que les travaux forcés.* Ces documents rédigés avec une rigoureuse exactitude permettent de suivre pas à pas le développement de la criminalité en France; qu'on les consulte: on verra combien ces chiffres sont éloquents dans leur brutalité ; ils nous apprennent en effet que le nombre des délits et des crimes punis annuellement par les tribunaux correctionnels et les Cours d'assises a quadruplé depuis le commencement du siècle ; mais ce qui est surtout remarquable, c'est la rapidité avec laquelle s'accroît parmi les condamnés la proportion des récidivistes.

En 1878, sur 100 accusés condamnés pour vol qualifiés, 70 sont des repris de justice ; 1879 en donne 72. L'assassinat se chiffre, dans les mêmes années, par 40 et 45 pour cent de récidives ; le meurtre, par 36 et 47 ; l'incendie, par 45 et 48 ; le viol et l'attentat à la pudeur, par 30 pour cent.

Les résultats sont les mêmes pour la statistique des criminels que pour celle des crimes ; ainsi, le nombre des accusés récidivistes, qui n'était que de 28 pour cent en 1850, s'est élevé à 42 pour cent en 1869, et à 50 pour cent en 1879 ; celui des prévenus récidivistes est monté de 20 pour cent en 1850, à 38 pour cent en 1869 et à 40 pour

cent en 1880 (1). Enfin, dans les trois années 1877,
1878 et 1879, si nous prenons pour base, non pas le
nombre des individus condamnés, mais celui des nouveaux jugements de condamnation, la proportion de la
récidive est de 87 pour cent. — C'est donc avec la plus
effrayante rapidité que le crime engendre le crime ;
aussi voyons-nous sur les bancs de la Cour d'assises
ou du Tribunal correctionnel des repris de justice dont
le casier judiciaire est orné d'un nombre invraisem-
blable de condamnations. A Grenoble, il y a quelques jours à peine, la troisième chambre voyait ame-
ner devant elle un individu qui avait subi quarante-
sept condamnations. « Et notez, dit M. Reinach,
« que chaque fois le caractère du crime ou du délit
« est plus grave, plus savant. En effet, sauf de rares
« exceptions, c'est par de petits attentats qu'on dé-
« bute dans la carrière; rien de plus facile à dis-
« tinguer qu'un crime d'*amateur, car la besogne est
« toujours mal faite.* » Ce n'est que peu à peu que
« le récidiviste se fait la main à son lugubre métier :
« on naît cuisinier, mais on devient rôtisseur, et la
« petite pègre devient l'apprentissage de la grande;
« la police correctionnelle, l'antichambre de la Cour
« d'assises; le *vol au poivrier* précède le *vol à l'amé-*
« *ricaine;* on est *faiseur* avant d'être tireur; *voleur*

---

(1) Exposé des motifs du projet de loi du ministère Duclerc sur
les récidivistes.

« *à la rade* avant d'être voleur *à la vrille ; caroubier*
« avant d'être assassin, tout comme on est soldat
« avant d'être officier. »

Ne pas éviter le mal qu'on peut empêcher, c'est presque le commettre ; on pense malgré soi à l'observation hardie du duc de Montausier, à propos d'un criminel qui venait d'être roué après avoir commis vingt assassinats et que Louis XIV avait gracié après son premier forfait. « Sire, cet homme n'a commis « qu'un seul assassinat, le premier, et c'est Votre « Majesté qui, le laissant vivre, a commis les dix-« neuf autres. » Le scélérat passe par des gradations avant d'arriver aux forfaits énormes. Ainsi, en prenant les trois dernières années, on a calculé que, sur neuf condamnés à mort dont le Président de la République a commué la peine, tous, moins un seul, avaient déjà des antécédents assez graves pour avoir été transportés comme récidivistes, si la loi projetée avait été en vigueur.

Où trouver une considération plus concluante que celle-là pour démontrer la nécessité et l'urgence d'une nouvelle législation sur la récidive.

CHAPITRE III.

Le sort des libérés. — Le patronage des libérés.

Il nous a été facile de montrer l'étendue du mal, de dépeindre cette armée redoutable de 40,000 récidivistes en guerre ouverte avec la société et vivant à ses dépens ; mais il reste à nous demander, et ici la tâche est plus ardue, quels sont les meilleurs moyens pour arrêter le mal toujours croissant ? Les criminalistes, après de nombreuses dissertations et une étude approfondie de la question, les magistrats et les avocats, après une longue expérience, ont mis en avant plusieurs systèmes ; si on les étudie avec attention, on arrive à cette conviction que chacun d'eux, pris séparément, serait insuffisant pour arrêter les progrès du mal ; mais on peut, en les coordonnant et les appliquant successivement, sinon arriver complétement au but, du moins l'atteindre en partie.

Pour que la peine moralise le condamné, pour

qu'elle soit vraiment efficace, correctionnelle, il ne
suffit pas qu'elle soit afflictive, il faut aussi qu'elle
soit préventive, c'est-à-dire qu'elle prévienne la re-
chute du condamné.

Notre Code pénal n'a pas atteint ce but, nous en
avons tous les jours des preuves frappantes sous nos
yeux ; car s'il a édicté des peines sévères, il a né-
gligé complètement deux points importants : le régime pénitentiaire et le sort des condamnés après leur
libération ; il punit sans s'inquiéter de ce que sera
l'exécution de la peine ; il frappe sans s'occuper du
lendemain. Pour qu'un système pénal soit vraiment
moralisateur, il ne faut pas séparer le droit pénal et le
régime pénitentiaire ; de là il résulte que pour rame-
ner le criminel au bien, il faut un régime pénitentiaire
moralisateur ; jusqu'en 1875 tous les accusés et prévenus subissaient l'emprisonnement en commun ; personne n'ignore les dangers de ce système ; quand un
homme entre en prison, la plupart du temps il est
encore accessible au repentir et aux sévérités de la
répression ; quand il en sort, à peu d'exceptions près,
il est flétri et perdu. « La prison, dit M. Michaux,
dans sa remarquable étude sur la question des peines,
est « le dépôt où se recrute l'armée du mal. »

Heureusement la loi de 1875 est venue supprimer
pour les prévenus et les individus condamnés à de
courtes peines, la funeste contagion du mal ; le principe de la séparation individuelle qu'elle consacre est
le principe fondamental de tout système pénitentiaire

vraiment moralisateur. — C'est là un premier progrès, mais cette loi n'a pu recevoir jusqu'ici qu'une exécution partielle : sur 28,000 détenus, 2,500 seulement subissent le régime cellulaire à l'époque où nous sommes ; un long espace de temps s'écoulera avant que la transformation des prisons soit complète ; ce premier remède à lui seul n'est donc qu'un palliatif insuffisant.

Pour avoir quelque chance d'empêcher la récidive, il faut en second lieu que la loi ou les particuliers avec l'appui de l'Etat, s'occupent du criminel à l'expiration de sa peine. Personne n'ignore quelle est la situation du libéré ; tout à la joie de se trouver libre, il commence par dissiper en peu de temps le petit pécule qu'il a amassé en prison ; alors dénué de tout, pressé par la faim, s'il songe au travail, il se présente à toutes les portes, mais toutes lui sont impitoyablement fermées, personne ne se soucie de recevoir un repris de justice ; et s'il se trouve un patron moins craintif ou plus humain que les autres, il est bientôt forcé de le renvoyer sur la plainte des autres ouvriers qui ne veulent pas d'un contact odieux. — Voilà le libéré dans la rue ; alors pour ne pas mourir de faim, il mendie ; il va de ville en ville, il est en état de vagabondage ; de là au vol il n'y a qu'un pas, il est bientôt franchi, et le libéré est devenu récidiviste. — Il résulte de cet état de choses que le libéré est fatalement disposé à la récidive ; c'est à ce moment précis de la libération que doit intervenir le *patronage des libérés.*

Qu'est-ce que ce patronage? C'est une institution qui a pour but de visiter le condamné dans sa prison, et de lui donner des protecteurs qui le soutiennent par leurs bons conseils, et qui prennent toutes les mesures nécessaires pour lui assurer des moyens d'existence le jour de sa libération. Il faut avouer que ce patronage ne compte encore qu'au domaine des exceptions; mais c'est une idée qui tous les jours gagne du terrain; son organisation en France est encore toute récente : pour la première fois, un décret du 6 octobre 1869 nomma une commission chargée d'étudier les moyens d'organiser le patronage des libérés; cette commission allait entrer en fonctions lorsqu'éclata la guerre de 1870; elle n'eut le temps de rien conclure. Mais les délibérations de cette commission eurent pour résultat heureux d'éveiller l'attention d'un homme de cœur et de talent qui s'intéressait au même ordre d'idées. M. de Lamarque, alors chef du bureau des détenus au ministère de l'intérieur, publiait à la même époque une brochure intitulée : *Société générale pour le patronage des condamnés libérés de l'un et de l'autre sexe.* C'était un exposé de l'institution et une organisation presque complète, prête à mettre en pratique. — En 1871 M. de Lamarque, aidé par les conseils et la bourse de quelques hommes généreux, commença la réalisation de son programme, et ses efforts ont été couronnés de succès; l'autorisation fut accordée à la Société pour le Patronage des libérés par arrêté du 9 juin 1872.

C'est donc à MM. de Lamarque et Lafontaine que revient l'honneur d'avoir pris l'initiative de cette institution en France; mais ils avaient puisé l'idée primordiale de l'œuvre à l'étranger; ils prirent pour exemple l'organisation d'un grand nombre de sociétés étrangères de même nature. Dès 1823, il existait aux Etats-Unis plusieurs sociétés de patronage pour les libérés; en 1876 fut fondée à Philadelphie une nouvelle association qui possède aujourd'hui de grandes ressources. — En Angleterre, la première date de 1824; il y en avait 13 en 1862 et 39 en 1873. — Elles fournissent des secours à près de 6,000 individus. En Italie il existe une société de patronage à Florence depuis 1844. La Suède et la Suisse possèdent aussi des sociétés de patronage soutenues officiellement par le gouvernement.

Là encore, la France est arrivée la dernière ; mais c'est au moment où la loi se dispose à frapper plus sévèrement les récidivistes, qu'il convient de donner plus d'extension à cette société et d'en créer d'autres, s'il est possible. La Société générale de Patronage a un double but : 1° Le relèvement moral des libérés. 2° Leur réhabilitation légale. — On arrive au premier résultat en offrant au libéré aide et assistance ; s'il a encore des parents, on cherche à obtenir d'eux leur protection, on ménage une réconciliation.

Si la famille ne veut rien entendre, ou si le libéré

est complètement abandonné, celui-ci trouve à la
société tout ce qui lui manque ; logement temporaire,
nourriture, vêtement, travail ; pendant ce temps les
membres de la Société s'occupent de lui chercher un
emploi. Enfin quand le libéré redevenu honnête
homme, grâce aux efforts de la Société, demande sa
réhabilitation, celle-ci intervient encore pour l'assister
dans les formalités difficiles et multiples que la réhabilitation entraîne.

Voilà en peu de mots, l'organisation et le but de la
Société générale de Patronage.

Le Gouvernement a compris tout l'avenir de cette
institution ; il a non-seulement reconnu la société
comme établissement d'utilité publique, mais il a tenu
à la protéger plus efficacement en lui accordant un
siège social dans ses propres bâtiments ; elle devenait
ainsi officieusement une sorte de bureau annexe de la
Direction pénitentiaire. — Cette idée de régénération
par le patronage est aujourd'hui universellement
adoptée ; tous les juristes, tous les magistrats, toutes
les cours d'appel sont unanimes ; déjà l'on commence
à passer de la théorie à la pratique ; de nombreux
comités de patronages ont été fondés par de simples
particuliers dans plusieurs villes de France (1). Enfin

______

(1) Comités de patronage fondés par M. Lucas, par Mme de Lamar-
tine, par le pasteur Robin, par l'abbé Coural, Refuges du Bon-Pasteur
et de Sainte-Anne, Sociétés de Lyon, Bordeaux, Rouen, Lille, Brest
et Nancy.

le Congrès pénitentiaire de Stockholm consulté sur la question a pris la décision suivante : « Le Congrès « convaincu que le patronage des libérés adultes est « le complément indispensable d'une discipline péni- « tentiaire réformatrice, prenant acte des résultats « obtenus depuis la dernière réunion est d'avis : qu'il « y a lieu de généraliser autant que possible cette « institution, en excitant l'initiative privée à la créer « avec le concours de l'Etat, mais en évitant de lui « donner un caractère officiel. »

Nous croyons en effet que l'Etat n'a pas le droit de rester inactif en face des efforts tentés par de généreux philanthropes. Il faudrait, comme le dit le rapport de la cour d'appel d'Agen, établir dans chaque département un comité de propagande et de direction chargé de former des sociétés de patronage qui se constitueraient elles-mêmes et seraient reconnues personnes civiles ; l'Etat et le département leur prêteraient un concours énergique en les subventionnant largement ; il faudrait qu'en face de chaque maison centrale et de chaque prison départementale, se dressât un refuge pour accueillir le libéré repentant.

Du reste le passé garantit l'avenir, les débats du Congrès de Stockholm ont mis en lumière ce fait décisif : c'est que le patronage des libérés a pour résultat immédiat la diminution de la récidive. — Appuyons cette proposition par des exemples : La Société de Patronage fondée en Hongrie sur 230 libérés secourus après 4 ans de fondation, n'a compté qu'un seul récidiviste ; en Angleterre, aux Etats-Unis, en Suède, où le gouvernement prête aux Sociétés de patronage un concours assuré, il est démontré par les statistiques officielles que la récidive a diminué dans des proportions énormes.

Quant à la Sociéte générale de patronage, elle nous donne l'exemple suivant : sur 145 libérés qu'elle a secourus pendant six mois, il n'y a eu que quatre récidivistes, encore trois ne l'ont-ils été que pour vagabondage. En présence de ces résultats acquis, il n'est plus permis d'hésiter, il faut se mettre résolument à l'œuvre et organiser le patronage des libérés. Mais il est une mesure inséparable de celle-ci, c'est la suppression de la surveillance de la haute police qui est en effet directement contraire à l'action du patronage. Cette peine a été, dès son origine, l'objet de critiques nombreuses ; plus on l'applique, plus on reconnait ses vices ; d'une part elle gêne les condamnés, les endurcit et les plonge définitivement dans la voie du crime ; d'autre part, sans offrir à la société aucune garantie sérieuse, elle les pousse à la désobéissance pour s'afranchir d'entraves qui les arrêtent au moindre de leurs mouvements ; de sorte que l'on a pu dire avec raison, que la surveillance de la haute police n'est une peine que pour le libéré qui s'est corrigé, et qu'elle est complètement impuissante à l'égard des récidivistes incorrigibles. — Le projet de loi ministériel qui vient d'être déposé supprime à peu près la

surveillance et la remplace simplement par l'inter-
diction du séjour dans le département de la Seine.

CHAPITRE IV.

De la transportation des récidivistes.

Il est certain que l'on verra des condamnés refuser
le patronage de ces sociétés bienfaisantes ; mais
alors si le libéré qui s'est montré réfractaire à
toute idée de repentir et de travail, retombe dans
les mêmes fautes, le législateur qui doit avant tout
protéger la société contre ses attaques, a le droit de
se montrer sévère ; les désobéissances réitérées à la
loi doivent être suivies d'une sanction pénale capable

d'en empêcher le retour ; cette sanction c'est *la trans-portation* ou *la rélégation* des récidivistes.

Tout le monde est d'accord sur le principe de la transportation et chacun a tenu à apporter sa pierre à l'édifice ; on s'y est mis de toutes parts en dehors comme au dedans de la Chambre et du Sénat : MM. Béranger de la Drôme, Voysin, Michaux ont écrit de savants mémoires à ce sujet ; M. Joseph Reinach a publié dans la *Revue Politique et littéraire* des articles qui ont fait le tour de la presse. De nombreuses pétitions dont une seule revêtue de 60,000 signatures, la plupart des programmes électoraux ont demandé avec instance cette réforme. Enfin le 1er décembre 1881, M. Jullien, au nom de 18 de ses collègues de la Chambre a déposé un premier projet de loi sur la matière; le 16 février 1882, MM. Waldeck-Rousseau et Martin-Feuillée présentèrent une proposition de loi très énergiquement conçue et développée qui fut prise en considération par la Chambre le 31 mars suivant, et tout récemment le 13 novembre 1882, les ministres de l'intérieur et de la justice ont déposé un troisième projet de loi sur les récidivistes. Nous ne pouvons entrer ici dans l'examen détaillé de ces projets ; cela nous entraînerait trop loin, nous nous bornerons à quelques considérations générales.

SECTION I.

De la perpétuité de la transportation.

D'abord, pour que la transportation soit efficace, et cela est admis par tout le monde, il faut qu'elle soit *perpétuelle;* pour que la menace de la transportation effraie les malfaiteurs et les retienne sur la route glissante de la récidive, il faut qu'ils sachent bien qu'une fois transportés, ils ne reverront plus la France; d'autre part, pour que dans la colonie le libéré travaille, pour qu'il arrive à cultiver la concession que le gouvernement lui accordera, pour qu'il puisse fonder une famille, il faut qu'il ait perdu tout esprit de retour. Il n'est rien de plus dangereux en effet que de permettre à certains condamnés le retour en France; renvoyer un forçat en France, c'est neuf fois sur dix, le condamner à reprendre sa vie de crimes et d'oisiveté. En deux ans, 972 crimes ou délits ont été commis par des libérés des travaux forcés, qui en vertu de la loi du 30 mai 1854, sur les travaux forcés, étaient rentrés en France. L'art. 4 de cette loi porte que tout individu condamné à moins de huit ans de travaux forcés pourra rentrer en France après avoir résidé dans la colonie un temps égal à la durée de sa peine; il faut donc commencer par abroger cet art. 4, et mettre tous les condamnés aux travaux forcés dans l'impossibilité de revenir ; ensuite on pourra logiquement décider que la transportation sera perpétuelle pour les récidivistes. La résidence temporaire mettrait obstacle à toute idée de colonisation et d'amendement ; ils ne seraient, au lieu de travailleurs actifs, qu'une lourde charge pour la colonie.

SECTION II.

De l'obligation de la transportation.

Cette question résolue, il s'en pose immédiatement une seconde : la transportation sera-t-elle facultative ou obligatoire, (il est entendu qu'elle n'aura jamais lieu par mesure administrative), devra-t-elle être l'accessoire obligé de la récidive légale, ou les tribunaux pourront-ils à leur gré la prononcer ou ne pas la prononcer ? Ici les avis sont différents : M. Reinach voudrait rendre la transportation obligatoire, sauf dans certains cas dignes d'intérêt, la faculté pour les tribunaux d'en dispenser le condamné ; tous les projets de loi sur la matière se prononcent au contraire pour la transportation de plein droit dès que le condamné aura rempli les conditions de la récidive légale ; ils décident toutefois que la transportation et les condamnations qui la motivent devront être mentionnées dans le jugement.

Il nous semble que le système de la transportation obligatoire est le meilleur. En effet, si la transportation était facultative, suivant que les tribunaux se montreraient plus ou moins sévères, on verrait transporter les uns, tandis que les autres resteraient en France sans qu'il soit possible de distinguer le degré de perversité qui les sépare. Mais il est une autre raison déterminante bien autrement grave : si l'on veut que la loi produise vraiment les résultats que l'on attend d'elle, la transportation doit être obligatoire ; il faut qu'elle soit une nouvelle épée de Damoclès constamment suspendue sur la tête des malfaiteurs et que ceux-ci ne puissent compter sur la faiblesse ou l'indulgence du juge. Mais, a-t-on objecté, le châtiment pour les petits méfaits dépassera la culpabilité ; nous répondons d'abord qu'il y a un moyen de remédier à cet inconvénient ; qu'on exige pour la transportation, deux ou trois condamnations de plus s'il le faut ; mais qu'une fois la mesure comble, on se montre impitoyable, sinon la loi courra le risque d'être impuissante ; nous ferons valoir de plus cette autre considération, que c'est surtout contre la moyenne et la petite criminalité que la transportation est dirigée, c'est contre la masse de ces délinquants d'habitude, voleurs et vagabonds qui atteignent souvent le chiffre de vingt à trente condamnations qu'il faut sévir : si en commettant un nouveau délit, ils ont la moindre chance d'échapper à la transportation, ils ne se gêneront pas pour recommencer leurs exploits, et le but de la loi sera manqué.

———

SECTION III.

Dans quels cas et à quelles personnes s'appliquera la transportation ?

C'est là une question complexe et délicate qui donnera lieu à de graves débats devant les Chambres : sans doute, il faut se montrer sévère, mais il faut une juste mesure et se garder de l'être trop, car on pourrait ainsi, en présence de la transportation inévitable, aboutir à des acquittements inattendus et scandaleux.

Plaçons-nous d'abord dans l'hypothèse de la récidive *de crime à crime*, le projet de loi de M. Waldeck-Rousseau et celui du gouvernement diffèrent essentiellement ; le projet ministériel prononce la peine de la transportation contre quiconque aura encouru deux

condamnations pour crimes excédant chacune un an
d'emprisonnement dans un délai quelconque ; cette
disposition est bonne en ce sens qu'elle apprécie le
degré de perversité des récidivistes d'après le nombre
et les causes des condamnations qu'ils ont subies ;
mais elle nous paraît trop rigoureuse ; en effet supposons que le second crime ait été commis 15 ou 20 ans
après le premier, il sera inique de transporter un
homme qui est resté si longtemps sans reproche, et
qui peut-être cette fois a agi sous l'empire de la colère
ou d'une passion irréfléchie. Nous croyons qu'il faudrait exiger que le second crime eût été commis dans
les dix ans de la première condamnation. A tout
prendre, nous aimons mieux ici l'article de M. Waldeck-Rousseau ainsi conçu : Sera transporté tout
individu condamné à la réclusion, qui dans les dix
ans de sa première condamnation aura été de nouveau
condamné à la réclusion.

Mais cet article laisse trop de latitude aux malfaiteurs ; il faudrait peut-être transporter tout individu
qui condamné pour crime à plus d'un an de prison,
aurait dans les dix ans été condamné à la réclusion ;
toute condamnation inférieure serait comptée comme
constituant une récidive de délit à délit ; de plus,
il vaudrait mieux pour éviter toute surprise énumérer
limitativement les crimes donnant lieu à récidive.

Supposons ensuite la récidive de crime à délit, et
de délit à crime ; ici les deux projets de loi diffèrent
très peu ; nous serions portés à adopter celui de

M. Waldeck-Rousseau ainsi conçu : « Sera relégué
« quiconque aura encouru, dans un ordre quelconque,
« une condamnation pour crime excédant 1 an d'em-
« prisonnement et trois condamnations à trois mois
« de prison au moins pour vol, recel, escroquerie,
« etc. » Il faut approuver cet article ; il énumère limitativement les délits (art. 4 du projet). La loi devait en
effet négliger les condamnations à l'amende et les petites
condamnations qui n'indiquent pas chez celui qui en
est frappé une corruption suffisante pour l'expatrier ;
le projet ministériel prend comme base de la récidive
une condamnation à la réclusion ; un an d'emprisonnement nous semble ici suffisant ; n'oublions pas de
dire que les crimes ou délits donnant lieu à la récidive
devront avoir été commis dans l'espace de huit ans.

Enfin il reste la récidive de délit à délit ; pour la
transportation, le gouvernement exige ici cinq condamnations à trois mois d'emprisonnement, pour les délits
déjà énumérés et dans un délai de 12 ans, M. Waldeck-
Rousseau 4 condamnations pour les mêmes délits dans
le délai de 8 ans, sans exiger un maximum de 3 mois
pour qu'il y ait lieu à récidive légale ; cela peut paraî-
tre exagéré, aussi le projet du gouvernement moins
rigoureux nous semble-t-il préférable ; de plus
M. Waldeck-Rousseau édicte une disposition spéciale
pour le vagabondage ; tout individu condamné dans
une période de huit ans 4 fois pour vagabondage et
une fois pour vol, sera transporté ; le gouvernement

fait simplement rentrer ce délit dans la catégorie ordinaire ; cela est plus simple.

Enfin dans les deux projets de loi, il existe une disposition depuis longtèmps désirée de tous et spécialement de la population parisienne ; jusqu'à présent, les magistrats étaient désarmés contre cette foule de souteneurs, qui infestent certains quartiers de Paris et qui souvent joignent à leur honteux métier, celui de voleur et d'assassin. Les deux projets de loi assimilent à la mendicité et au vagabondage, le fait de tirer habituellement profit de la prostitution d'autrui ou de jeux illicites et prohibés sur la voie publique. Il suffira de cinq condamnations de ce chef à plus de trois mois d'emprisonnement, dans l'espace de 12 ans, pour entraîner la transportation. Nous ne pouvons qu'applaudir à cette disposition qui est une œuvre d'assainissement social. Il est entendu que nous n'admettrons pas les crimes politiques comme constituant une cause de récidive et par suite de transportation ; les deux projets de loi indiqués contiennent à ce sujet une mention spéciale qu'il faut approuver.

La transportation ne devra pas atteindre non plus les crimes et délits prévus spécialement par le Code de Justice militaire ; nous croyons qu'il serait bon d'insérer cette remarque dans la loi.

Nous n'admettrions pas davantage que la loi établît une distinction entre les hommes et les femmes récidivistes ; le Code pénal n'a jamais fait entre eux de différence, il serait irrationnel de s'écarter du principe qu'il a posé.

Mais il ne faut envoyer aux colonies que des hommes valides et capables de supporter la fatigue; aussi nous dispenserons de la déportation tout individu âgé de plus de 60 ans et âgé de moins de 22 ans; tels sont les chiffres adoptés par le projet du gouvernement et celui de M. Waldeck-Rousseau.

SECTION IV.

Du choix du lieu de la transportation. —
De son régime.

Le choix du lieu de transportation a donné lieu à de nombreuses propositions; la colonie que l'on adoptera devra réunir trois conditions essentielles :

1° Elle doit être assez éloignée de France et assez isolée pour rendre toute tentative d'évasion impossible ;

2° Le climat devra être suffisamment salubre ;

3° La terre devra être assez fertile pour nourrir facilement ses nouveaux habitants, et assurer une juste récompense à leurs travaux.

A l'heure actuelle, l'île de la Nouvelle-Calédonie remplit à la lettre toutes ces conditions. — Elle a d'abord l'avantage d'être à près de trois mille lieues de la France, et elle est assez éloignée des côtes de l'Australie pour qu'un récidiviste avide de liberté y regarde à deux fois avant de se fier à une frêle embarcation, pour une traversée aussi longue et aussi périlleuse. C'est là du reste, depuis la suppression des bagnes, que sont dirigés tous les condamnés aux travaux forcés; des établissements importants y sont déjà établis, et il n'y aura pas à faire les frais qu'entrainent toujours des essais dont le succès est problématique.

2° A la Nouvelle-Calédonie, le climat est magnifique, et le pays très sain; on a pu comparer sans exagération la colonie à Pau et à Nice; le thermomètre y descend rarement au-dessous de 14 degrés et ne s'élève presque jamais au-dessus de 25 degrés; on y a vu des soldats d'infanterie de marine séjourner six mois sous la tente, sans qu'il se soit montré chez eux le moindre symptôme de maladie.

3° Non seulement le climat y est excellent, mais le sol y est généralement fertile; la culture de la canne à sucre et du café y donne de magnifiques résultats; l'eau est partout très abondante. « La Nouvelle-Calé- « donie, dit M. Michaux, renferme des richesses miné- « rales considérables, en outre de ses richesses agri- « coles qui sont sérieuses. » Cette colonie qui a l'étendue de trois ou quatre de nos départements et qui contient à peine 100,000 habitants, tant indigènes qu'Européens, pourrait nourrir facilement un million d'habitants; plus des trois quarts de l'île sont encore incultes.

Loin de nous pourtant la pensée de prétendre que le succès du régime à appliquer aux récidivistes soit lié au choix de la Nouvelle-Calédonie; si plus tard l'encombrement devait se produire, il serait toujours facile de trouver ailleurs un lieu de transportation. Lors de la discussion sur le régime pénitentiaire en 1875, M. Bouchet avait émis l'idée de fonder des colonies pénitentiaires agricoles en Algérie; je crois que cette idée, si elle était adoptée, aurait pour l'avenir de notre colonie et aussi pour le système de la transportation les plus funestes conséquences. L'Algérie est en effet trop près de nous, et les moyens de repatriement sont trop nombreux pour qu'on puisse songer à la choisir. On verrait bientôt les évasions se multiplier; il y faudrait un personnel nombreux. En outre, les libérés, conservant toujours un secret espoir de s'échapper, se montreraient rebelles à tout amendement. L'Algérie possède actuellement trois millions d'habitants, et les récidivistes, plutôt que de travailler, préféreraient vivre à leurs dépens.

Tout le monde repousse la Guyane, et nous croyons que c'est à tort, car cette terre si calomniée possède certains endroits suffisamment sains pour y transporter les malfaiteurs. Ainsi la vallée du Maroni est très fertile; on a calculé que la mortalité y est beaucoup moindre que dans certaines de nos maisons centrales. Pourquoi, en cas de nécessité, n'y transporterait-on pas plus tard les condamnés aux travaux forcés, et ne réserverait-on pas la Nouvelle-Calédonie pour les transportés du nouveau régime? Cette séparation ne pourrait que leur profiter. Du reste, la France possède d'autres colonies et l'on conçoit très bien la fondation d'établissements de ce genre en Indo-Chine ou à Madagascar.

Mais il ne suffit pas de décréter la transportation, il ne suffit pas de désigner le lieu où on l'effectuera, il faut l'organiser. La loi votée, les récidivistes, surtout dans les premières années, vont affluer dans la colonie; il faudra pourvoir à leurs premiers besoins, les loger, et enfin leur procurer un travail suffisamment rémunérateur. La loi ne saurait entrer dans les détails multiples de cette organisation; il faut donc qu'un décret réglementaire la suive de près pour parer à toutes ces nécessités.

La première chose qu'il faut faire remarquer, c'est que les condamnés récidivistes seront en liberté; on ne peut donc songer à leur appliquer le régime rigoureux des forçats de l'île Nou. Le régime à suivre sera plutôt la rélégation, la *relegatio in insulam* des Romains, que la véritable transportation. Il nous semble que le projet le plus pratique serait celui récemment développé dans une étude sur la transportation des récidivistes, par M. Charles Bertheau. On formerait des groupes de cent cinquante à deux cents libérés,

dans lesquels on ferait entrer, autant que possible,
des hommes de tous les métiers; on dirigerait chacun
de ces groupes sur un des points les plus fertiles de
l'île, et chaque groupe serait appelé à former un village ; on élèverait provisoirement des cabanes. Puis
on construirait successivement des habitations, une
école, une chapelle, sous la surveillance des gardiens.
Enfin ceux qui au bout de quelque temps seraient
les mieux notés recevraient du gouvernement des
concessions de terres d'abord révocables et ensuite
définitives ; ceux qui auraient quelque instruction
pourraient être employés par l'administration dans
ses bureaux, et ensuite chez les colons après une
épreuve minutieuse.

Mais le point qui devra surtout attirer l'attention du
gouvernement, c'est le régime moral des transportés.
Dans chaque village, on devra bâtir une école et une
chapelle ; la fréquentation de l'école sera obligatoire
pour tous ceux qui auront quelque chance d'en tirer
profit; car la statistique démontre que la grande ma-
jorité des condamnés n'a reçu aucune instruction, et
beaucoup parmi eux ne savent ni lire ni écrire. — Les
Anglais avaient bien compris que l'instruction est un
élément indispensable pour assurer l'avenir d'une
telle institution ; lorsqu'on transportait les convicts en
Australie, le quart des revenus de la province était
consacré à l'instruction publique. Mais, pour que
l'œuvre ne reste pas stérile, il faudra que le gouvernement fasse tous ses efforts pour encourager le ma-

riage dans la colonie et faciliter l'établissement de familles nouvelles ; c'est une tâche ardue. En effet, le nombre des femmes condamnées et transportées sera de beaucoup inférieur à celui des hommes ; sur dix transportés, il y a actuellement neuf hommes et une femme. L'administration, pour rétablir l'équilibre, devra favoriser l'émigration des femmes renfermées dans les maisons centrales et s'efforcer d'attirer dans la colonie la femme et les enfants des récidivistes ; elle obtiendra ce résultat au moyen de quelques avantages, tels que le passage gratuit, des secours pécuniaires et des concessions de terres.

Enfin, il importera que la loi organise un système sévère de répression pour les crimes et délits qui ne manqueront pas de se produire dans la colonie. Le régime militaire, s'il est nécessaire pour maintenir des forçats subissant leur peine, serait peut-être trop dur pour des individus qui en dernière analyse sont en liberté ; mais quelques dispositions pénales, un peu plus rigoureuses que le droit commun, suffiraient, si elles étaient sévèrement appliquées, à maintenir le bon ordre dans la colonie, ce qui est le premier résultat à obtenir.

SECTION V.

Réfutation des objections faites contre la tranporta-
tion. — Les colonies pénitentiaires en Angleterre.

Le Parlement va bientôt s'occuper du projet de loi
sur la transportation ; on peut s'attendre à voir quel-
ques-uns de ses membres développer devant lui, toutes
les critiques que certains écrivains et certains orateurs
à la tribune ont élevées contre le principe même de ce
système.

On a dit d'abord que la transportation que l'on con-
sidérait comme une panacée universelle, était un
remède impuissant contre des individus desquels on
n'a rien à espérer et qui iront continuer dans la colonie
la vie de mendicité et de vagabondage, de désordres
et de crimes qu'ils menaient en France ; nous répon-
drons, qu'à supposer que tout amendement de la part
des libérés fût impossible ; on aura déjà obtenu
ce résultat immense de purger le sol de la France
de milliers de malfaiteurs qui vivent à ses dépens.
Mais en outre est-il vrai de dire que les récidivistes
pourront mendier et vagabonder dans la colonie ;
nous ne le croyons pas, ils seront soumis à un régime
sévère et à une surveillance rigoureuse ; ensuite
comment pourraient-ils ainsi subsister ; qu'en France

pays riche et civilisé où la population est très dense, ils trouvent dans la mendicité et le vol des moyens d'existence, cela n'a rien d'étonnant, mais dans une colonie lointaine, à la Nouvelle-Calédonie où il y a peu d'Européens, où 60,000 Canaques anthropophages occupent la plus grande partie du territoire, la mendicité et le vagabondage leur seront interdits par la force des choses ; aux prises avec la faim, ils seront forcés de travailler ; et s'ils travaillent on peut espérer les voir arriver à une certaine honnêteté.

Nous ne prétendons certes pas qu'ils dépouillent complètement leur ancienne nature ; mais leurs mœurs, quelles qu'elles soient, seront toujours préférables à celles qu'ils ont dans les prisons où ils sont appelés à passer une bonne partie de leur existence.

On insiste, et on dit : la transportation n'est, pour les vrais malfaiteurs, qu'un moyen insuffisant d'intimidation ; ils seront plutôt séduits qu'effrayés par la perspective d'un long voyage et l'espérance de voir des pays inconnus. Cette objection ne nous paraît pas fondée, et je crois qu'ils regarderont à deux fois avant de s'exposer à quitter la France pour jamais, car, comme le remarque fort bien M. Charles Bertheau, s'ils ne se fixent définitivement nulle part en France, ils se gardent bien de la quitter et bien peu entreprennent le tour du monde ; d'ailleurs nous répétons que la transportation n'a pas pour but immédiat de punir les récidivistes, mais de prévenir leurs nouveaux

méfaits et de les mettre hors d'état de nuire ; or ce but
est complètement atteint.

On nous oppose aussi que la transportation sera très
onéreuse pour l'Etat et qu'elle nuira à l'avenir et au
développement de notre colonie. Sans doute, et surtout
dans les premiers temps, il faudra créer de nouvelles
constructions, augmenter l'effectif des troupes et le
nombre des surveillants ; mais le chiffre de la dépense
n'a rien qui puisse nous effrayer, et le souci de notre
sécurité vaut bien de notre part un sacrifice d'argent ;
il ne faudrait pas s'imaginer du reste que les récidivistes ne coûtent rien en France actuellement ; à eux
seuls, ils forment la moitié du contingent des prisons,
il faut bien pourvoir à leur subsistance, et la dépense
est forcément plus grande que dans une colonie où au
bout de quelque temps ils pourront se suffire à eux-
mêmes.

Mais, dit-on, si la colonie se peuple de récidivistes
libérés, l'émigration volontaire n'aura jamais lieu dans
une île ainsi infestée, elle restera vouée à la stérilité.
Nous reconnaissons que les colons seront peu tentés
par le voyage ; mais peut-on supposer que leur
nombre serait bien plus grand sans la transportation ;
tout le monde sait combien est faible en France le
mouvement d'émigration ; le Français préfère rester
chez lui, plutôt que d'aller courir les lointaines aven-
tures ; les transportés, ajouterons-nous, seront à la
longue suffisants pour fonder une colonie florissante.

Nous avons sous les yeux un exemple propre à nous

encourager ; les transportés anglais que l'on appelle
les *convicts*, ont fondé en Australie et à l'origine, sans
le secours de l'émigration, une colonie qui est aujour-
d'hui aussi prospère que la métropole. C'est en 1788,
que le commodore Philipp débarqua à la Nouvelle-
Galles du Sud le premier convoi de condamnés ; encore
n'avait-on pris aucune des précautions nécessaires ;
pas de provisions, pas de gardiens. Philipp parvint à
maintenir l'ordre en confiant aux convicts leur propre
police (1), et bientôt Sydney fut fondé. — Les premières années furent pénibles, il y eut un grand nombre
de vols, mais les convicts concessionnaires réclamèrent
une énergique répression, et l'on constata avec éton-
nement, qu'en huit années pas un assassinat ne fut
commis.

« Une statistique, dit encore M. Michaux, dressée
« 25 ans après l'arrivée des premiers convois, constata
« que 13,000 hommes et 3,200 femmes avaient été
« transportés et qu'il y avait eu déjà 9000 naissances. »
Mais la prospérité de Sydney attira de nombreux émi-
grants volontaires qui pendant de longues années
profitèrent du travail des libérés. Mais du jour où
ils purent se passer de leurs services, les plaintes

---

(1) Voyez de Blosseville : La Colonisation pénale en Angleterre.
— Report of the directors of convict prisons, Londres 1876. — The
imperial and Colonial constitution of the Britannic Empire par
Sir Edward Creasy, Londres 1872.

commencèrent ; force pétitions furent adressées à la métropole ; on parla hautement de révolution et d'indépendance ; à la fin, le gouvernement anglais dut céder et en 1868 arriva le dernier navire de convicts.

— Ainsi ce sont des malfaiteurs qui à eux seuls ont fondé une des plus belles possessions de l'Angleterre et qui ont donné naissance à une population honnête et riche.

Nous n'aurons pas à redouter en France la lutte entre l'émigration et les transportés ; que l'exemple de l'Angleterre nous encourage donc, et si plus tard la France Nouvelle que nous aurons créée se montre inhospitalière envers ceux qui l'auront fondée, le monde est assez grand pour y établir de nouvelles colonies ; car nous aurons hélas ! il faut bien l'avouer en terminant, toujours de nouveaux malfaiteurs à expatrier.

Voiron, imprimerie BARATIER et MOLLARET.